AF259807

SAINT FRONT

SOLITAIRE DANS LE PASSAIS

AU VIe SIÈCLE.

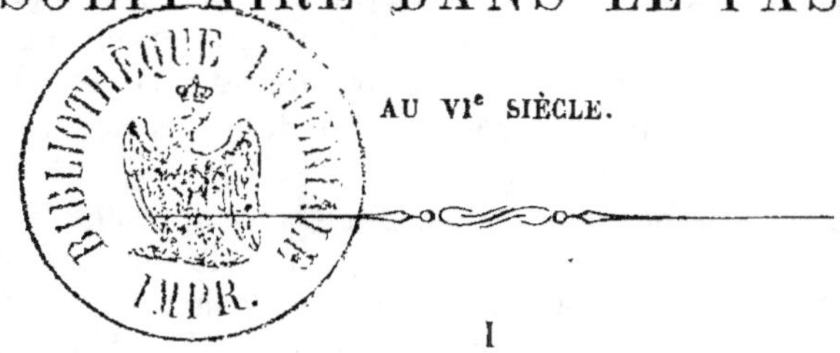

I

Les fabricateurs de fausses légendes ont toujours été très-nombreux par tout pays. L'antiquité grecque et les origines romaines ne furent point privées de ce bienfait, ou plutôt de ce fléau. Dans un mémoire publié récemment, on a prouvé que les premiers Saxons qui abordèrent les côtes de la Grande-Bretagne, ayant souvent entendu répéter par les habitants primitifs du pays le mot *Portus*, se persuadèrent que les indigènes parlaient de leur roi qu'ils appelaient à leur secours ; de là un roi Portus qui a figuré longtemps dans mainte histoire (1). De nos jours encore, il se trouve une foule de personnes instruites qui croient à l'existence du fameux enchanteur Merlin ; et son histoire a été publiée il n'y a qu'un petit nombre d'années par un savant académicien, dont la sagacité n'est pas douteuse pour ceux qui ont lu ses ouvrages précédents ; mais l'écrivain le plus vigilant est sujet, comme tous les mortels, à se laisser surprendre par quelque imposture habilement tissue ; et, à l'heure qu'il est, on convient généralement que le nom de Merlin (qui du reste revêt souvent de nombreuses variantes) n'est que le vocable d'une ville, et que le héros légendaire n'est qu'une fiction (2).

La critique historique devrait nous délivrer de ce fléau des fausses traditions et des inventions fabuleuses, données comme des échos fidèles des temps et des événements ; elle rendrait en effet ce service, si elle était toujours traitée par des mains habiles et désintéressées.

---

(1) *Revue archéologique*, nouv. sér., t. XV, p. 428-433. — *Revue des questions historiques*, t. V, p. 560.

(2) *Revue des questions historiques*, t. V. p. 568.

Trop souvent, hélas ! l'une de ces qualités, ou même les deux à la fois, manquent complétement à ceux qui se posent comme arbitres dans des discussions difficiles et délicates. On intervertit les rôles, on confond les questions. Nous avons vu, dans des études purement chronologiques, vouloir intéresser le dogme ; et adresser à des contradicteurs des qualifications propres à ceux qui parlent témérairement des vérités révélées, et devant lesquelles tout esprit doit s'incliner. La première qualité requise chez le critique consiste donc dans la maturité du jugement, qui ne permet point de prononcer sur un sujet quelconque, avant de l'avoir étudié sous toutes ses faces, avant d'avoir pris une connaissance personnelle de tous les documents qui se réfèrent au sujet mis en discussion.

Mais il ne suffit pas de posséder cette connaissance approfondie des faits: il faut encore que le critique se dépouille de toute passion personnelle ; il faut qu'il n'obéisse qu'à l'amour de la vérité ; il faut qu'il soit prêt à tout lui sacrifier ; qu'il n'ait point l'ambition d'éblouir le public par des découvertes éclatantes, et surtout qu'il ait mis sous ses pieds tout amour-propre de clocher.

Tout le monde, je l'espère, sera d'accord sur ces principes que dicte le bon sens ; et néanmoins il est rare de rencontrer un ouvrage de critique historique qui ne laisse voir un côté faible, soit par rapport à l'étendue des recherches, soit par rapport à l'esprit plus ou moins intéressé avec lequel elles ont été conduites. Si la critique, en effet, a détruit beaucoup d'erreurs, n'en a-t-elle pas créé un nombre peut-être égal? C'est la conclusion profondément humiliante que l'on serait porté à tirer de la lecture d'un savant travail publié récemment par le R. P. de Buck, sur les anciens calendriers (1), tant de l'Église d'Orient que de l'Église d'Occident. Le docte bollandiste démontre avec son vaste savoir et son sens si sûr, que très-souvent de deux saints on en a fait un seul, et que d'un seul on en a fait deux, différents de temps, de lieux et de conditions.

Il s'agit précisément, en l'étude présente, d'une question semblable à celles que traitait avec tant de supériorité l'habile continuateur du P. Bolland. Il faut examiner si saint Front, solitaire dans le Passais, au VIᵉ siècle, a réellement existé, ou s'il n'est autre que saint Front, premier évêque de Périgueux, et l'un des premiers fondateurs de l'Église dans les Gaules. La question est des plus graves, et j'ai cru qu'il n'était pas hors de propos d'exposer les principes avec lesquels je l'ai abordée.

(1) *Études religieuses, littéraires et historiques*, publiées par les religieux de la compagnie de Jésus; année 1868.

II

Interrogeons d'abord les traditions du diocèse du Mans sur saint Front. Que nous disent-elles au sujet de ce serviteur de Dieu? Quelle est la valeur de leur témoignage?

Au sixième siècle, malgré les convulsions continuelles que ressentait l'ordre social, l'Église du Mans atteignit un haut degré de prospérité, grâce à l'action combinée des évêques et des moines. Ce fut surtout sous l'épiscopat de saint Innocent qu'elle brilla du plus bel éclat. Cet illustre pontife n'occupa le siége de saint Julien que durant dix ou onze ans, de 532 à 543 ; mais il mit une telle activité dans son laborieux ministère ; il sut appeler à son aide des esprits si éclairés et des âmes si généreuses et dévouées, qu'il se vit bientôt à la tête de l'une des chrétientés les plus florissantes de tout l'Occident.

Ce fut surtout à l'aide des moines qu'il obtint ces salutaires avantages. On vit bientôt dans le diocèse du Mans saint Rigomer et sainte Ténestine, saint Calais et saint Avit, saint Almire et saint Bomer, saint Ulphace et l'abbé Sénard, saint Ernée et saint Alnée, saint Bohamald et saint Auvieu, saint Gault et saint Brice, saint Fraimbault et saint Constantien, saint Léonard de Vandœuvre et saint Laumer, saint Sylvain et saint Front. Quelle auréole de sainteté ! Quelle puissante attraction une pareille phalange ne dut-elle pas exercer sur tous les esprits élevés, sur toutes les âmes d'élite ? Aussi les annalistes de l'Église s'accordent à représenter le diocèse du Mans, à cette époque, comme une Thébaïde remplie de solitaires aspirant aux plus hauts degrés de la perfection évangélique (1).

Le plus grand nombre de ces saints solitaires avaient été formés à la vie régulière dans l'abbaye de Micy ou de Saint-Mesmin, fondée vers 498, au diocèse d'Orléans. Des relations particulières entre l'évêque du Mans et saint Maximin avaient déterminé ce courant vers notre diocèse, qui en recueillit d'inappréciables avantages.

Non content de ces secours, saint Innocent envoya jusqu'en Italie demander à saint Benoît une colonie de ses disciples qu'il se proposait d'établir d'une manière avantageuse dans le territoire confié à sa sollicitude pastorale. Ce fut l'occasion du voyage de saint Maur et de ses compagnons en Gaule, et c'est à cette occasion aussi que la règle bénédictine s'établit dans ce vaste empire. Si saint Innocent n'avait été prévenu par une mort prématurée, il aurait reçu les disciples

____

(1) Le Cointe, *Annales ecclesiastici Francorum*, ad annum 541.

du grand Patriarche des moines d'Occident dans le diocèse du Mans, et ils y auraient fondé leur premier cloître.

Presque tous les saints dont nous avons rappelé les noms, en effet, établirent des monastères qui furent pour nos contrées des foyers de lumière et de vie. Trois seulement, saint Gault, saint Sylvain et saint Front, se contentèrent de vivre solitaires et de prêcher l'Évangile aux populations qui environnaient leurs ermitages ; saint Gault dans le pays de Laval, saint Sylvain près de l'ancienne cité des Erviens, et saint Front dans les solitudes du Passais.

« Saint Front, né dans les environs de Trèves, vers la fin du V⁰ siècle, abandonna, jeune encore, sa famille et sa patrie, et se retira dans l'abbaye de Micy. Après s'être exercé quelque temps à la pratique des vertus religieuses, sous la conduite de saint Maximin, le désir de la contemplation le fit soupirer pour la vie érémitique. Il communiqua sa pensée à un religieux du même monastère, nommé Gallus, qu'on appelle communément saint Gault. La grâce divine avait mis les mêmes dispositions dans le cœur de ce religieux qui, non content d'approuver son dessein, lui déclara qu'il se joindrait à lui pour l'imiter. Les deux saints obtinrent de Maximin la permission de se retirer dans le désert, et ils se dirigèrent vers le Maine, sur la nouvelle qu'on leur donna que l'évêque saint Innocent aimait à voir se peupler de moines les solitudes et les forêts de son diocèse (1).

« Les deux religieux se présentèrent d'abord à saint Innocent, et, avec son agrément, ils établirent leurs demeures en deux contrées du diocèse, éloignées l'une de l'autre. Gault fixa son séjour dans la forêt de Concise, près du lieu où l'on bâtit dans la suite la ville de Laval ; Front choisit les solitudes du Passais. Sa cellule était située sur un rocher élevé au-dessus d'une vaste forêt, et baigné par une petite rivière nommée aujourd'hui la Varenne ; c'est sur ce même monticule que l'on voit de nos jours la ville de Domfront, qui s'est formée autour de l'oratoire de notre saint anachorète, et qui porte encore son nom (2).

« Saint Front ne fut point, comme la plupart des autres solitaires dont nous avons parlé jusqu'ici, dit l'historien de l'Église du Mans, père d'un nouveau monastère ; après s'être construit de ses propres mains une petite cellule et un oratoire, il s'y donna tout entier à la contemplation. Cependant il ne laissait pas de sortir de temps en temps

(1) Dom Piolin, *Histoire de l'Église du Mans*, t. I, p. 218.
(2) Domfront, ville et paroisse de l'archidiaconé du Passais, en Normandie, aujourd'hui réunie au diocèse de Séez.

pour évangéliser les populations voisines, et leur apprendre à connaître Jésus-Christ. Il y trouva beaucoup d'idolâtres, et en convertit un bon nombre. Il détruisit un temple dédié à Cérès (1), opéra plusieurs miracles, que les légendaires n'ont point rapportés en détail, et mourut de la mort des justes vers le milieu du vi^e siècle. Il fut enterré dans un oratoire qu'il avait bâti au-dessous de la roche de Saint-Vincent. »

Tel est le résumé le plus complet des traditions locales sur saint Front, ermite dans le Passais. Il nous reste à examiner sur quel fondement reposent ces traditions.

III

La première question qui se présente à l'esprit est celle-ci : existe-t-il quelque légende de saint Front remontant à une antiquité un peu reculée ? Jusqu'à ce jour les hagiographes les plus laborieux n'ont fait connaître aucun document de cette nature. Il est même probable qu'il n'en exista jamais aucun. Tandis que les saints Calais, Avit, Almire et autres qui avaient été fondateurs de monastères dans lesquels florissait la culture des lettres en même temps que l'exercice de toutes les vertus, trouvaient dans leurs disciples mêmes des historiens, heureux de conserver le souvenir de leurs belles actions et désireux de le transmettre à la postérité ; qui aurait recueilli les paroles et les gestes des ermites Front, Gault et Sylvain ? Ils s'éteignirent au milieu des populations agrestes auxquelles ils avaient appris à connaître les vérités de la révélation, mais auxquelles ils n'avaient pas dû communiquer une culture intellectuelle fort avancée.

Les catalogues des bibliothèques néanmoins indiquent plusieurs vies manuscrites d'un saint Front, autre que l'évêque de Périgueux ; mais je me suis assuré que les trois légendes du Vatican (2), de Florence (3) et de Milan (4) sont consacrées à saint Front d'Égypte ; c'est à quelques variantes près le même ouvrage qui a été publié dans Surius (5), et dans les *Acta Sanctorum* par les Bollandistes (6). Quant aux

(1) Ou à la divinité gauloise dont le culte se rapprochait le plus de celui de la déesse grecque regardée comme la protectrice des moissons.

(2) Vatican, mss. de la reine de Suède, n° 1289.

(3) Bibliothèque Laurentienne, Puteus XXVII, 14.

(4) Bibliothèque Ambrosienne, F.

(5) *Vitæ Sanctorum*, 13 apr., p. 158.

(6) *Acta Sanctorum*, 14 apr., t. II, p. 201-203. — La même vie se trouve aussi dans Rosweid, *Vitæ Patrum*.

deux manuscrits de la Bibliothèque de la rue de Richelieu (1) signalés comme contenant deux vies de saint Front, ils ne renferment non plus que la vie du saint abbé de Nitrie ; et c'est le même texte avec quelques changements qui le rendent plus ou moins complet. Il existe encore une autre vie de saint Front sur laquelle je n'ai pu me procurer jusqu'à ce jour de données positives (2) ; mais tout porte à croire qu'elle se réfère au saint abbé d'Égypte. Il est donc vraisemblable que des recherches ultérieures demeureraient infructueuses. Il est du moins constant que jusqu'à ce jour il n'a pas été signalé une seule vie de saint Front, solitaire dans le Passais.

Le Corvaisier (3) néanmoins, en publiant une très-courte notice sur saint Front, faisait observer que de son temps on ne connaissait presque rien de certain sur le saint anachorète. On n'avait sur cet ami de Dieu qu'une légende fort peu sûre, tirée d'un manuscrit du chapitre de Saint-Pierre-de-la Cour au Mans, dans laquelle se trouvaient mêlées les actions du premier évêque de Périgueux, nommé également Front, et celles de notre saint ermite. Dom Piolin, publiant à son tour une notice fort abrégée sur l'ermite des bords de la Varenne, fait la même remarque, et donne comme fondement principal de son récit la tradition constante du pays de Domfront (4). Quant à la légende consultée par Le Corvaisier, je l'ai sous les yeux en écrivant cette note, et j'y reviendrai bientôt pour faire voir combien elle mérite peu de confiance.

La tradition, au contraire, sur l'existence et les actes principaux de saint Front est tellement constante et positive, elle repose sur des monuments tellement certains, qu'il est impossible de ne pas y reconnaitre un motif raisonnable de crédibilité. Prenons les renseignements dans l'ordre où ils se présentent naturellement à nous, c'est-à-dire en partant de notre époque et remontant jusqu'aux temps les plus reculés où ils peuvent nous reporter. Je vais citer textuellement un certain nombre de témoignages.

Extrait d'une lettre de M. Butet, ancien vicaire à Saint-Front, près de Domfront, à M. Delaunay, curé de Mortrée. (Cette lettre ne porte pas de date, mais elle est postérieure à 1860.)

« Il existe dans toute notre contrée une tradition constante, universelle, qui nous vient de temps bien reculés assurément, puisqu'on ne connait aucune interruption, attestant que saint Front s'est

----

(1) Fonds latin, n° 12596, fol. 158, contenant trois folios et demi, et n° 12612, fol. 39, la vie de saint Front remplit cinq folios et demi.

(2) British museum, Cottonien Library, Nero, C. VII, n° 5.

(3) *Histoire des évêques du Mans*, p. 140.

(4) *Histoire de l'Église du Mans*, t. I, p. 219.

sanctifié dans notre pays, qu'il y a apporté la foi, qu'il y est mort et que ses restes ont été déposés dans une petite chapelle bâtie au-dessous de la Roche-Saint-Vincent. Tous les vieillards que j'ai interrogés m'ont répondu la même chose. Quelques-uns m'ont montré l'endroit où devait être cette chapelle d'après la tradition. Je n'ai rencontré personne qui osât douter de cette croyance générale.

« Voici un fait qui vient à l'appui de cette tradition. Il y a quelques années, un cultivateur trouva dans son champ, situé près du lieu où l'on croit avoir été la chapelle de saint Front, un cercueil en pierre de granit, parfaitement conservé. On y trouva un squelette auquel il manquait la tête. Tout à l'heure on supposa que c'était le tombeau de saint Front. Plus de trois mille personnes vinrent considérer ces restes, et n'en approchèrent qu'avec respect, disant que c'étaient probablement les reliques de notre patron. On trouva bien au fond du cercueil une plaque en métal, sur laquelle était une inscription que le temps avait rendue illisible, mais aucun indice absolument pouvant faire connaître le personnage qui avait été inhumé en ce lieu ; on l'a remis à peu près à la même place d'après l'avis de Monseigneur (1). Il y a tout à croire que ce n'est pas le tombeau de saint Front; mais on peut juger par là de la croyance générale.

« Notre église (2) porte un cachet d'architecture très-ancienne. El'e doit remonter au moins aussi loin que celle de Notre-Dame à Domfront (3). Or nous n'avons jamais entendu parler que de saint Front, solitaire, pour patron de notre église. Si saint Front, de Périgueux y a été honoré autrefois comme patron, il faut qu'il n'ait pas laissé un seul souvenir dans notre pays ; car lorsqu'on parle à nos habitants d'un saint Front, évêque de Périgueux, ils ont l'air tout étonné qu'il puisse en exister un autre plus élevé que le nôtre.

« Il est vrai que la statue qui est dans notre église représente un évêque, mais elle ne porte aucune inscription indiquant qu'elle représente saint Front plutôt qu'un autre saint (4).

(1) Ce tombeau est caché aujourd'hui sous les pierres du socle d'un calvaire qu'on a élevé à cet endroit. Ainsi l'ouverture de ce tombeau que je vous avais promis de provoquer est présentement impossible.

(2) L'ancienne église est aujourd'hui remplacée par une église de forme gothique ogivale, terminée il y a cinq ou six ans.

(3) Notre-Dame-sur-l'Eau, monument des plus curieux de l'architecture romane, et dont on reporte la construction à l'année 1025.

(4) Cette statue représente aussi bien un abbé qu'un évêque. Le personnage porte une mitre, mais pas de croix pectorale. — Si l'auteur de ce mémoire osait se permettre une remarque, il ferait observer que les abbés ne portaient pas anciennement la mitre. Les évêques eux-mêmes ne l'ont pas tous portée. — Saint Front du Passais n'a jamais été abbé. — La statue dont il s'agit est d'un

« Enfin la pierre que nous avons trouvée dans les décombres de l'église n'est pas comme vous le pensez une pierre tumulaire ; elle devait être employée dans la construction des murs. On pourrait supposer facilement que notre église ayant été construite à plusieurs reprises, on se serait servi pour le chœur postérieur à la nef, des matériaux de l'ancienne chapelle où elle servait à sceller un tombeau, ou à indiquer une statue représentant saint Front. Voici à peu près la forme de son inscription (1) :

SCS
FRON
TONI
VS....S

IV

Extrait de l'histoire de Domfront par M. Caillebotte.

« Saint Front détruisit un temple dédié à Cérès qui était à Domfront ; il fut enterré dans un oratoire qu'il avait bâti au-dessous de la Roche-Saint-Vincent. J'ignore depuis quelle époque le faubourg de Saint-Front dépend de la commune de Domfront. Dans le XVIᵉ siècle, la chapelle de Saint-Vincent dépendait de l'église de Domfront, et était administrée par ses marguilliers. En 1516, Samson Thébault, procureur fabricien de ladite église, se rendit comptable du revenu de la chapelle et des fruits du cimetière de monsieur saint Vincent, baillés à ferme à Jehan Chollent.

« Le 1ᵉʳ mars 1844, l'on a découvert dans les landes, sur le bord du chemin qui vient de la route d'Alençon au chemin de Champsecret, la rue de Livet, un très-ancien cercueil de carreau blanc, que l'on croit être celui du solitaire saint Front. »

L'ouvrage de M. Caillebotte a eu quatre éditions, et toutes contiennent les mêmes renseignements sur saint Front dont l'ermitage devint le premier germe de la ville de Domfront (2).

---

art tellement rudimentaire, qu'il est impossible de lui assigner une date. — Il n'est pas prouvé qu'elle ait toujours été honorée comme l'image de saint Front, et par suite, elle ne peut offrir un élément à la discussion.

(1) Malheureusement on a laissé égarer la pierre qui portait cette inscription. Elle mesurait 0,25 centimètres en largeur, et 0,33 centimètres en hauteur ; mais elle était frustre à sa partie inférieure.

(2) *Essai sur l'histoire et les antiquités de Domfront*, 1ʳᵉ éd. Mayenne 1807 — 4ᵉ éd. Domfront, 1840.

On a publié depuis, en 1865, une nouvelle histoire de Domfront, dans laquelle les mêmes témoignages sont reproduits, et les mêmes traditions affirmées de la manière la plus positive (1). Les auteurs de cette compilation, toutefois, étant étrangers aux études ecclésiastiques n'ont pas compris l'importance de la question qui nous occupe en ce moment ; et leur témoignage ne peut être compté que comme un écho de la tradition locale (2). Il en est tout différemment des deux lettres suivantes écrites par des prélats dont la science et le caractère ajoutent une valeur considérable aux faits dont ils témoignent.

Extrait d'une lettre de M. l'abbé Charles Fillion, directeur au séminaire, aujourd'hui évêque du Mans, écrite le 16 novembre 1854 à M. Delaunay, curé de Mortrée.

« Il ne peut y avoir aucun doute sur le culte rendu à plusieurs des saints moines envoyés par saint Innocent dans les solitudes du Passais, saint Front, saint Fraimbault, saint Constantien, saint Ernée, saint Alnée, etc.

« Ce culte est constaté par un grand nombre de monuments et par tous les historiens de l'Église du Mans... saint Front est un des nombreux solitaires, qui, sous l'épiscopat de saint Innocent, vinrent peupler les déserts du Maine. Dom Bondonnet, Corvaisier et le P. Paul Piolin parlent de saint Front. Ils n'en disent que fort peu de chose ; mais ils n'émettent aucun doute sur sa sainteté et sur le culte qui lui fut rendu par les fidèles. Ce culte doit remonter jusqu'au viiie ou ixe siècle.

« Quoique l'existence de saint Front et sa sainteté n'aient été l'objet d'aucun doute, il n'a cependant été honoré que fort tard d'un culte liturgique, c'est-à-dire d'un office. Tous nos missels et bréviaires imprimés (1489, 1494, 1507, 1541, etc.) font mémoire au 2 octobre de saint Front, évêque de Périgueux, qui était venu dans les Gaules avec saint Julien ; mais il n'est point mention du saint solitaire du Passais avant le bréviaire de 1693. Ce bréviaire publié par Mgr de Tressan, annonce la mémoire de saint Front, évêque et confesseur, comme les bréviaires précédents ; mais au 25 octobre on trouve une petite légende de saint Front, solitaire. En 1748, Mgr de Froullay retrancha du calendrier les saints martyrs Crespin et Crépinien, et donna une fête simple à saint Front.

« Il suit de là que saint Front n'est pas dans les conditions du décret d'Urbain VIII, et qu'il ne peut trouver place dans la liturgie de Séez, pas plus que dans celle du Mans.

(1) V. pages 4 et 5.
(2) *Histoire de Domfront*, par Liard, 2e éd. Domfront, 1865, in-8°.

« Bien que saint Front n'eût point d'office dans l'ancienne liturgie du Mans, il ne me paraîtrait pas impossible de le conserver comme patron. La paroisse de Saint-Front-en-Passais porte ce nom au moins depuis le XIIe siècle. Elle est donnée à l'abbaye de Beaulieu et désignée sous le nom de Saint-Front par Guillaume de Passavant, en 1142. Il est bien probable qu'elle était ainsi appelée du nom de son patron, et que ce patron était le solitaire. Elle a par conséquent une possession immémoriale. »

Treize ans plus tôt, le 18 octobre 1841, Mgr Bouvier écrivait à M. Vallet, directeur au grand séminaire de Séez une lettre dont nous allons présenter un court extrait.

« Comme au Mans on célèbre la fête de saint Front, solitaire, le même jour qui est fixé dans le martyrologe romain pour saint Front, évêque de Périgueux, des critiques ont prétendu que c'était le même saint. Nous ne le pensons pas. La tradition de l'Église du Mans touchant saint Front, solitaire, est constante. Dom Colomb, bénédictin de l'abbaye de Saint-Vincent du Mans, profès en 1707, a fait une vie des évêques du Mans ; à l'article de saint Innocent, évêque, il met saint Front, solitaire, et le fait venir de l'abbaye de Micy près Orléans. »

Ici Mgr Bouvier attribue à dom Colomb un ouvrage qui n'est point de ce savant. On sait que l'éditeur de ce travail (1), voulant le présenter au public sous un nom honorablement connu, imagina de l'attribuer à Dom Colomb, collaborateur de Dom Rivet dans l'*Histoire littéraire de la France*. Il a été prouvé depuis que ce livre est l'œuvre de Jean-Baptiste Guyard de la Fosse, prêtre de Mayenne, et auteur d'une histoire des seigneurs de sa ville natale. Le témoignage qu'il apporte n'en a pas moins de force, puisqu'il vivait même antérieurement au savant bénédictin de l'abbaye de Saint-Vincent.

Lorsque Mgr Alexis Saussol, évêque de Séez de 1819 à 1836, introduisit saint Front, solitaire, dans la liturgie de son diocèse, lui donnant un office particulier et une légende empruntée à celle du bréviaire du Mans, il n'y eut aucune réclamation contre l'existence et la sainteté de l'ami de Dieu que l'on voulait honorer.

Des témoignages moins solennels, mais importants néanmoins pour constater la tradition, se trouvent dans le *Dictionnaire topographique, historique et généalogique du Maine*, par le chanoine Le Paige, publié en 1777 (2). Il affirme de la manière la plus positive l'existence du saint ermite au temps de saint Innocent.

(1) Charles Richelet.
(2) Tome 1er, p. 358.

Dans son *Répertoire topographique et historique du Maine* (1), Pierre-François Davelu, lazariste, et supérieur du séminaire du Mans de 1766 à 1774, dit en parlant de la paroisse de Saint-Front : « L'église est dédiée à saint Front qui a vécu et est mort dans le pays. » Il ajoute ensuite : « Il s'y trouve un petit hôpital pour les malades, » et un auteur du même temps affirme que cet hôpital avait été fondé en faveur des malades qui venaient en pèlerinage au tombeau du saint solitaire (2).

D'autres écrivains ont reproduit la même tradition ; je me contenterai de citer ici Thomas Cauvin dans sa *Géographie ancienne du diocèse du Mans* (3), et Gilles Négrier de la Crochardière, curé de René, près de Beaumont-le-Vicomte, mort en 1748, dans un ouvrage resté manuscrit et déposé à la bibliothèque communale du Mans (4).

V

La tradition qui atteste l'existence de saint Front, solitaire dans le Passais, au temps de saint Innocent, évêque du Mans, est un fait constant au xviii⁰ et xix⁰ siècle, comme on vient de le voir. Elle n'est pas moins certaine au xvii⁰ siècle, et elle était regardée comme si indubitable, qu'un évêque du Mans n'hésita pas à introduire le nom de ce serviteur de Dieu dans la liturgie diocésaine (1693).

Déjà trois historiens du Maine avaient constaté les souvenirs du pays au sujet du bienheureux ermite. Le premier en date est Antoine Le Corvaisier de Courteilles dans son *Histoire des évêques du Mans* publiée en 1648 (5). Outre la tradition, cet historien invoque le témoignage d'une légende conservée dans le trésor du chapitre royal de Saint-Pierre-de-la-Cour.

A peine l'*Histoire des évêques du Mans* était-elle publiée, que Dom Jean Bondonnet, bénédictin de l'abbaye de Saint-Vincent, fit paraître un ouvrage intitulé : *les Vies des évêques du Mans, restituées et corrigées, avec plusieurs belles remarques sur la chronologie* (6). L'auteur suit Le Corvaisier article par article et s'attache à le corriger chaque fois que le premier historien prête le flanc à la critique ;

---

(1) Mss. de la bibliothèque communale du Mans, p. 318.
(2) *Semaine du Fidèle*, année 1867.
(3) Page 302.
(4) In-4⁰ de 400 pages.
(5) C'est à la page 139 qu'il parle de saint Front.
(6) Paris 1651, in-4⁰.

mais en ce qui concerne l'existence de saint Front il n'y a pas la moindre divergence entre eux (1).

Avant la fin du même siècle, Dom Denis Briant, qui habitait aussi l'abbaye de Saint-Vincent, composa d'après les pièces originales un ouvrage du plus grand intérêt, et qui porte pour titre : *Cenomania, de episcopis cenomanensibus, item de abbatiis, de comitibus cenomaniæ regionis.* C'est l'œuvre d'un véritable critique et d'un homme qui avait fouillé longtemps les archives et les bibliothèques. Formé à l'école des plus habiles maîtres, l'auteur n'admet aucun fait que sur les preuves les plus certaines, et il contrôle, d'après les textes originaux ou les traditions bien établies, les assertions des historiens précédents (2). Or, sur saint Front, solitaire dans le Passais, Dom Briant est complétement d'accord avec Le Corvaisier, Bondonnet et les auteurs du Bréviaire manceau.

Un an avant la publication du livre de Le Corvaisier, Symphorien Guyon fit paraître en un gros volume *in-folio*, l'*Histoire de l'Église et diocèse, ville et université d'Orléans.* Parlant de l'abbaye de Micy, il fait l'histoire abrégée de ce monastère d'après les archives qui y étaient conservées. Or voici ce qu'il dit à propos de saint Front : « De plus saint Gault, nommé en latin Gallus, et saint Front, son compagnon, furent aussi disciples de l'abbé Saint-Mesmin, au monastère de Micy, et de là se retirèrent au pays du Maine, le premier dans le doyenné de La Lavos, près de la forêt de Concize, et saint Front aux extrémités de la forêt d'Audaine, qui venait en ce temps-là jusqu'aux portes de la ville de Domfront, qui est ainsi nommée comme *Domus Frontonis*, Maison de Front, ou *Cellula Domni Frontonis*, la Cellule de Dom Front, pour ce qu'en ce temps-là les prêtres et ermites prenoient la qualité de Dom, comme elle est encore à présent usitée en plusieurs ordres religieux. Quelques auteurs ont confondu ce saint Front avec saint Fronton, premier évêque de Périgueux, pour ce que l'un et l'autre se nomment en latin *Fronto*, mais le temps, la demeure et la qualité de ces deux confesseurs font assez paroître qu'ils sont bien différents, puisque l'un a été évêque du temps des Apôtres au pays de Périgueux, et l'autre a été ermite au pays du Maine au sixième siècle de la Grâce (3). »

Tout est à remarquer dans ce témoignage d'un historien grave et religieux. D'abord il nous présente les traditions d'une Église éloi-

---

(1) V. Dom Bondonnet, p. 167.

(2) Il existe un assez grand nombre d'exemplaires du *Cenomania* qui n'a jamais été imprimé. La bibliothèque communale du Mans et la bibliothèque de la rue de Richelieu en possèdent chacune une copie.

(3) Symphorien Guyon, *Histoire de l'Église d'Orléans*, 2e partie, p. 466.

gnée, celle d'Orléans, en accord parfait avec celles de l'Église du Mans. Il est certain aussi que l'historien a consulté les archives de l'abbaye de Micy, où il a rencontré la mention si positive et si claire de notre saint Front. Il n'est pas moins remarquable aussi que son livre a été publié à Orléans un an avant celui de Le Corvaisier, qui n'en avait aucune connaissance lorsqu'il composait le sien au Mans. Inutile de faire remarquer les deux erreurs par lesquelles Symphorien Guyon défigure les noms de Laval qu'il, nomme La Lavos, et d'Andaine qu'il appelle Audaine ; mais s'il s'était servi de documents émanés du Maine, aurait-il commis ces erreurs ? Il a donc écrit, comme on le voit du reste par tout l'ouvrage, d'après les documents conservés dans l'abbaye orléanaise.

Du xvıı^e siècle il nous faut passer jusqu'au xıı^e. A cette date nous trouvons Guillaume de Passavant, évêque du Mans (1142-1186) qui confirme à l'abbaye de Beaulieu-lez-le Mans la possession de l'église de Saint-Front-en-Passais et les autres qui lui ont été données par les évêques ses prédécesseurs (1). Bien que ce monument ne désigne point ici saint Front, solitaire, comme le patron de cette église, il est impossible néanmoins d'y voir un autre personnage que celui auquel s'adressent les hommages constants des populations du Passais. Dès lors en effet un certain culte public et solennel était assuré au patron de ce sanctuaire ; et conçoit-on comment on serait parvenu à en changer l'objet sans révolter les habitudes religieuses de toute la contrée ? Qui aurait pu entreprendre ce changement ? Dans quel but ?

Il y a plus, en remontant les âges, nous trouvons que le patronage de saint Front était déjà établi dans ces lieux à une époque antérieure de deux siècles. L'abbaye de Lonlay fut fondée vers l'an 1020 ; or parmi les revenus qui lui sont assignés par Guillaume Talvas, comte de Bellême, on voit figurer les revenus des églises situées à Domfront, *Donnefrons* (2). Ainsi dès avant les commencements du xı^e siècle le nom de saint Front était déjà honoré dans la contrée, et par conséquent son histoire connue dans le pays. Il est même probable que le nom de Domfront ne fut donné à la petite ville qui s'élève sur les bords de la Varenne que parce que le nom de saint Front était assigné à l'église voisine. C'est ainsi que dans beaucoup de pays on trouve une localité nommée Dompierre dans le voisinage d'une autre portant le nom de saint Pierre. Vou-

---

(1) Inventaire de l'Abbaye de Beaulieu. Ms. de la bibliothèque communale du Mans.

(2) Du Moustier, *Neustria Pia*, p. 424, 425, 426, et passim. — Dom Piolin, *Histoire de l'Église du Mans*, t. III, p. 91 et suivantes. — Dedimus etiam ecclesias *Donnifrontis* cum omnibus pertinentiis....

lant honorer le même patron, et ne pas causer de confusion par la répétition du même vocable, on avait recours à une variante, sans changer la signification.

Si maintenant nous nous reportons à ces dates du xe et du xie siècle, et si nous voulons nous faire une idée des honneurs dont les patrons étaient honorés, nous concevrons sans peine que tout changement arbitraire était impossible à ce sujet. Comment connaîtrons-nous les honneurs rendus aux patrons des lieux saints ? En interrogeant les vieilles liturgies, et plus encore en lisant les vieux cartulaires des églises et des abbayes. Là nous verrons que l'on se considère comme vivant dans la maison et sous la protection spéciale du saint patron ; nous constaterons que toutes les donations étaient faites à la personne du saint ; nous nous convaincrons que toutes les demandes lui étaient adressées personnellement : or ces habitudes supposent-elles que l'on connût le bienheureux en qui l'on mettait sa confiance ? Toute une population pouvait-elle se laisser égarer sur la personne, l'existence de celui qu'elle entourait de tant d'hommages et de confiance ?

Mais il y a des changements de patrons constatés dans l'histoire ? Précisément ! Ces changements ont eu lieu lorsque des reliques d'un saint ont été transportées dans une église ancienne, et que par les miracles elles attiraient les foules dans les sanctuaires qui par suite prenaient leurs noms.

VI

Ce fut vers la fin du xie siècle qu'un maladroit compilateur introduisit une confusion fâcheuse entre saint Front, premier évêque de Périgueux, et saint Front, solitaire dans le Passais. Cette confusion, comme nous l'avons vu par les paroles de l'annaliste d'Orléans et de Le Corvaisier, ne put prévaloir contre l'évidence des faits ; elle a suffi néanmoins par troubler quelques critiques qui n'ont point examiné suffisamment, d'un côté la tradition, de l'autre le document dont je dois rendre compte en cet endroit.

Jusqu'au commencement du xe siècle il n'est fait mention nulle part d'une histoire de saint Front, évêque. Sebaudus ou Sebaldus qui devint le successeur de l'apôtre du Périgord dans les premières années de ce siècle, s'appliqua à réunir les traditions sur le fondateur de son Église, et en composa un corps d'ouvrage (1). Malheureusement son travail n'est point parvenu jusqu'à nous. Il était déjà perdu à la fin du siècle suivant. Alors un écrivain dont on ne

____

(1) *Gallia Christiana*, t. II, col 1456.

connaît pas le nom entreprit de refaire cette légende, et avec l'audace d'un véritable faussaire il osa donner son œuvre pour celle de Sebaudus. Heureusement il suffit d'examiner cette vie de saint Front avec quelque attention pour se convaincre de l'ignorance de l'auteur et du peu de scrupule avec lequel il a procédé. Il me suffira pour appuyer cette assertion de fournir quelques remarques sur cinq ou six points, le reste ne présente pas plus de solidité. Je suivrai l'édition qu'en a donnée le P. Joseph Van Hecke, dans la continuation des *Acta Sanctorum* (1), en me permettant d'exprimer le regret que ce docte religieux n'ait pas soumis l'œuvre du faussaire à un examen plus rigoureux. Avec sa science si étendue et les ressources qui sont à sa disposition, ce savant pouvait mieux que personne indiquer toutes les erreurs accumulées par l'anonyme.

Obéissant à un désir évident de composer une histoire complète de son héros, sur lequel il possédait peu de renseignements, l'auteur du xie siècle a prêté à saint Front, évêque de Périgueux, des actions qui appartenaient en propre à deux ou trois autres saints du même nom (2) ; et de plus, il lui a attribué plusieurs faits qui lui ont semblé possibles, mais qui sont controuvés. Ainsi il commence par dire que saint Front fut l'un des soixante-douze disciples choisis par Notre-Seigneur, et dont il est parlé dans saint Luc (x, 1). Mais cette assertion est dépourvue de toute apparence de réalité ; car saint Hippolyte ne le mentionne point dans son catalogue (3), et les Pères du concile de Limoges de 1031 n'auraient pas manqué de relever cette circonstance, s'ils l'avaient connue ; elle aurait été invoquée avec raison pour attribuer avec fondement à saint Front la qualité d'apôtre (4).

Un peu plus loin, l'auteur de la vie de saint Front affirme que le saint évêque assista à la dernière cène ; assertion positivement contraire au récit de saint Matthieu (xxvi, 20), de saint Marc (xiv, 17) et de saint Luc (xxii, 14). Ces deux erreurs suffisent, il me semble pour démontrer les procédés habituels de l'écrivain anonyme.

---

(1) Octobre, t. XI, p. 392-414. En publiant ce document, le P. Van Hecke fait observer qu'il est l'œuvre d'un faussaire, et évidemment erroné en beaucoup de points.

(2) Plusieurs auteurs, comme celui qui a composé le *Dictionnaire d'hagiographie*, ne mentionnent que saint Front de Périgueux ; d'autres parlent encore de saint Front de Nitrie ; mais les Bollandistes eux-mêmes ne parlent ni de saint Front du Passais, ni de saint Front l'hibernois, dont l'existence est cependant certaine.

(3) *Patrologie grecque*, éd. Migne, t. X, col. 954.

(4) Mansi, *Concilia*, t. XIX.

Parlant plus loin de l'entrée de saint Front à Périgueux, et de la manière dont il fut introduit dans la maison du gouverneur de la ville, qui lui donna son palais pour y consacrer un temple au vrai Dieu, il semble que l'anonyme a emprunté son récit à Léthalde, l'auteur de la vie de saint Julien ; ce sont absolument les mêmes circonstances, et souvent les mêmes expressions (1). Mais Léthalde se garde bien de transformer le gouverneur romain en un comte féodal, comme le fait l'historien périgourdin en deux circonstances différentes.

Si l'auteur se montre bien du xi⁰ ou xii⁰ siècle en nous parlant de comtes héréditaires qui possédaient les villes à la manière des fiefs, il n'est pas moins de son époque en nous dépeignant des colléges de clercs qui chantaient l'office canonial *le jour et la nuit* comme les chanoines doivent le faire. Évidemment l'écrivain avait quelques documents anciens à sa disposition ; mais il prenait de grandes libertés à leur égard, et il leur faisait subir des transformations qui les rendent presque méconnaissables.

L'une de ces libertés qui dépasse toutes les bornes permises, c'est d'avoir attribué à son héros des faits appartenant en propre à ses homonymes. Ce procédé commode, et que plusieurs autres ont malheureusement employé à toutes les époques, même à la nôtre, paraît d'une manière incontestable au paragraphe quatorzième du chapitre deuxième. L'auteur y raconte la manière prodigieuse dont le saint fut nourri dans son désert ; mais il emprunte et le fond et la forme de son récit à la vie de saint Front, solitaire de Nitrie, au second siècle (2). Dans cette circonstance, comme en plusieurs autres, du reste, l'auteur use de si peu de discernement, qu'il représente un puissant personnage nommé Squirus qui possédait de nombreux chameaux dont il se servait pour le transport des meubles et des denrées de la maison. Qui ne voit que ces animaux ne se rencontraient pas plus en troupeau dans les écuries des personnages riches de la Gaule, au premier siècle de notre ère qu'on ne pouvait trouver dans le même pays des hommes ayant le titre de comtes, et portant les noms tout germaniques de Chilpéric et de Sigebert.

Une fois ce procédé d'assimilation admis, l'auteur de la vie de saint Front ne s'est pas fait faute de l'appliquer à d'autres circonstances. Trouvant des traces de saint Front, solitaire dans la forêt du Passais, sur le territoire des Normands, qui se nommait alors la Neustrie, dit-il, il l'identifie avec le saint évêque de Périgueux, et

(1) *Acta Sanctorum*, januarius, t. II, p. 762-767.
(2) *Acta Sanctorum*, Aprilis, t. II. p. 202.

suppose que cet apôtre habita en ermite durant quelque temps ces contrées alors fort désertes, et qu'il nous représente néanmoins comme suffisamment peuplées. Si l'on s'en rapporte à son récit, saint Front convertit le haut personnage qui possédait cette contrée et les paysans qui dépendaient de lui. Ce riche personnage ressemble beaucoup à un puissant suzerain du xie siècle qui étend son autorité sur les vassaux de sa terre. Il y a là une confusion évidente d'époque et de mœurs.

Ayant abandonné les contrées de l'Occident, saint Front se dirige vers le Nord, et il s'arrête dans les environs de Beauvais et de Soissons ; il vit encore en ermite et en apôtre à la fois, convertissant les peuples et fondant des églises. Ici du moins le récit de l'anonyme peut se soutenir avec quelque vraisemblance ; car c'est positivement saint Front, premier évêque de Périgueux, qui est honoré comme patron de l'église et de la contrée. Mais ce dernier fait n'intéresse en rien la réalité de nos traditions diocésaines.

Il résulte de l'ensemble des récits de l'écrivain anonyme que saint Front, l'un des soixante-douze disciples de Notre-Seigneur, selon lui, vint dès le commencement du premier siècle chrétien dans les Gaules, qu'il fonda une chrétienté à Périgueux, et qu'il parcourut ensuite presque tout le vaste territoire qui s'étend entre le Rhin, l'Océan, la Méditerranée et les Alpes, s'arrêtant en divers pays pour y prêcher la foi de Jésus-Christ, et dans certains lieux pour y mener la vie érémitique. Mais cet auteur ne connaissait pas les traditions de l'abbaye de Redon et du prieuré de Fruszai en Bretagne. Il n'aurait pas manqué d'en enrichir son histoire ; ces traditions, constatées en plusieurs chartes publiées par Dom Morice (1), rapportent que saint Front avait habité le lieu de Fruszai, et que c'était en mémoire de la vie sainte qu'il avait menée en cet ermitage que ce monastère avait été fondé. Peut-être dans d'autres parties de la France pourrait-on rencontrer des traditions semblables. L'auteur du xie siècle en connaissait quelques-unes, et il les a rapportées à sa manière ; mais de plus, partout où il a rencontré le nom de Front avec un souvenir de sainteté, il a cru aussitôt qu'il s'agissait de l'apôtre du Périgord.

Ce n'est pas que ce auteur ne connaisse assez bien les traditions de son propre pays. Ce qu'il rapporte de la fondation et des antiquités de l'Église de Périgueux mérite considération ; mais il est

---

(1) *Mémoires pour servir à l'histoire de Bretagne*, t. I, col. 391, 392 et 503. — Il y a beaucoup d'apparence que le saint Front, évêque, qui vécut en ermite en la Petite-Bretagne, est le saint Front, évêque scot ou hibernois, qui vint dans les Gaules au vi{e} ou viie siècle, et que certains martyrologes mentionnent au 1er octobre. V. Du Saussay, *Martyrologium Gallicanum*, p. 1175.

moins autorisé lorsqu'il traite des faits étrangers à sa province, et il n'a point assez de poids par lui-même pour que ses assertions puissent contre-balancer des traditions aussi constantes que celles qui affirment l'existence de saint Front, solitaire dans le Passais.

Le procédé dont il s'est servi pour composer son ouvrage nous étant parfaitement connu par le passage presque textuel de la vie de saint Front de Nitrie, introduit par lui dans la vie de son héros, nous sommes averti de contrôler sérieusement toutes ses assertions. Si nous lui accordons notre confiance pour les faits relatifs à l'histoire locale du Périgord, nous sommes autorisé à nous tenir sur nos gardes pour le reste ; il suffit de l'exemple que nous venons de citer pour ébranler notre confiance.

VII

Disons toutefois que l'écrivain anonyme a bien pu retrouver en beaucoup de lieux la trace véritable du fondateur de l'Église de Périgueux ; car cet apôtre était comme les évêques des premiers âges du christianisme en général, envoyé non à telle ou telle peuplade ou petite nation, mais à tout un vaste pays ; ils annonçaient la foi partout où ils trouvaient quelque facilité pour réunir un certain nombre de disciples. Quelques-uns s'arrêtèrent dans une contrée où ils rencontraient un emploi suffisant à leur zèle, d'autres furent contraints par les persécutions ou par d'autres motifs à parcourir de vastes régions, et telle semble avoir été la condition de saint Front. Là où ils avaient établi une chrétienté, et où ils étaient morts, on les honorait justement comme les apôtres du pays et les premiers évêques, quoique la chaîne des prélats ait pu subir des interruptions, et que les circonscriptions pour la juridiction ecclésiastique n'aient été rigoureusement déterminées que beaucoup plus tard.

L'ouvrage de l'écrivain anonyme dont nous venons de parler a été remanié à différentes époques ; et les Bollandistes en citent plusieurs exemplaires plus ou moins développés ; il a surtout été retouché en diverses manières pour entrer comme leçons dans l'office du saint évêque de Périgueux. C'est l'un de ces exemplaires que M. A.-B. Pergot, curé de Terrasson, découvrit il y a quelques années.

Ce zélé ecclésiastique traduisit et commenta cet ouvrage ; puis il le publia en 1861 sous ce titre : *La vie de saint Front, apôtre, premier évêque de Périgueux* (1). Il n'est pas nécessaire de dire que

____

(1) 1 vol. in-8° de 503 pages.

monsieur le curé de Terrasson adopte presque toutes les assertions de l'écrivain du xie siècle, et qu'il essaie de les appuyer. Par rapport au seul fait qui nous intéresse vraiment ici, à l'existence de saint Front, solitaire au vi^e siècle dans le diocèse du Mans, il consacre un grand nombre de pages (1) à prouver que ce bienheureux n'a jamais existé et qu'il n'est autre que le premier évêque de Périgueux.

A l'appui de son sentiment, M. Pergot allègue plusieurs raisons auxquelles le R. P. Dom Piolin a suffisamment répondu dans la préface placée en tête du sixième volume de l'*Histoire de l'Église du Mans* (2). Il me suffira donc d'indiquer les deux arguments allégués par l'auteur de la *Vie de saint Front*. Il dit que Le Corvaisier a été le premier historien qui ait parlé de saint Front, solitaire, et qu'il a pu inventer l'existence de cet ami de Dieu. J'ai prouvé que ce fait est matériellement faux, puisque Symphorien Guyon est antérieur à Le Corvaisier. Si ce dernier d'ailleurs avait imaginé de faire vivre au vi^e siècle un solitaire dont l'existence aurait été inconnue avant lui, Dom Bondonnet et Dom Briant n'auraient pas manqué de relever son erreur. Que Le Corvaisier soit le premier à signaler l'existence de saint Front, solitaire, il n'y a rien de surprenant en cela puisqu'il est le premier en date qui ait publié une histoire ecclésiastique du Maine; mais il n'était pas en son pouvoir de faire naître la tradition qui existe depuis si longtemps dans le Passais.

M. le curé de Terrasson allègue pour seconde raison que le *Martyrologe* du chapitre du Mans ne parle point de saint Front, solitaire, tandis qu'il mentionne saint Front, évêque de Périgueux. Quoi de surprenant en cela ? Le *Martyrologe* du chapitre du Mans est un des documents les plus précieux pour notre histoire, mais c'est tout simplement un exemplaire d'Usuard sur lequel les chanoines avaient ajouté les saints ou les personnages qui avaient quelque rapport direct avec leur Église, c'est-à-dire l'église cathédrale.

Dire maintenant avec M. Pergot que l'Église du Mans, et aujourd'hui celle de Séez, se montrent peu jalouses de leur gloire en soutenant l'existence de saint Front, solitaire ; qu'il serait beaucoup plus glorieux pour elles de proclamer hautement que l'apôtre du Périgord est venu passer dans leurs déserts un temps qu'il a employé à la prière et à l'évangélisation du pays, c'est alléguer des raisons tout à fait étrangères à la question : il ne s'agit nullement de savoir ni ce qui serait plus beau, ni ce qui serait plus glorieux ; il n'y a qu'une seule question : la tradition locale atteste-t-elle l'existence

(1) De la page 263 à la page 276.
(2) Pages X et XI.

d'un solitaire nommé Front, qui se soit sanctifié dans le Passais et y
soit mort ? La tradition l'atteste d'une manière incontestable ; et cela
nous suffit.

Quant aux honneurs que l'Église du Mans a rendus à saint Front,
évêque de Périgueux ; jamais culte ne fut plus légitime : car l'apôtre
du Périgord est assurément l'une des plus grandes figures qui illu-
minent les origines de nos Églises des Gaules (1). Si nos pères ont eu
le bonheur de voir parmi eux cet intrépide missionnaire, et s'ils ont
été favorisés de ses prédications en même temps qu'ils écoutaient la
parole de saint Julien, ce fut une grâce spéciale dont il est juste que
nous remerciions le Ciel ; c'est un patronage qui nous est précieux ;
c'est un lien de fraternité entre l'Église du Mans et l'Église de Périgueux qui nous sera toujours cher ; et nous sommes d'autant plus
heureux d'avoir vu de nos jours la chaire de saint Front si digne-
ment occupée par un prélat qui aimait à rappeler l'alliance qu'il
avait par son origine avec la chaire de saint Julien.   P. LEMOINE.

(1) Il y a bien de l'apparence que saint Front de Périgueux est le patron de
l'église de Domfront-en-Champagne ; mais encore une fois ce fait n'infirme pas
les traditions du Passais.

Le Mans. — Impr. Leguicheux-Gallienne.